自由に遊ぶ、ヴィンテージライクな服

文化出版局

私は長野の田舎で生まれ育ちました。
おしゃれとはほど遠い、山と畑しかないところでしたが
洋裁好きの母が作ってくれる服が、いつもそばにありました。
生地を選び、糸を選び、レースやリボンを選んで
自分だけの服ができていくことに、わくわくしました。
おしゃれ好きは今も変わらず。
服がだいすきです。

どこかの国の民俗衣装、昔の羊飼いの服、牡蠣漁師が履いていたズボン。
古い服を繕い、型を解いて仕立て直す。
そんなことを繰り返し、今の私 nuno.(ヌーノ)はでき上がっています。
この本に載せたパターンには、そこまで難しいものはありません。
「きれいに美しく体にフィットする服」でもありません。
だからこそ、着る人によって変わるしわの寄り方、シルエットの出方が、
着れば着るほどに、自分になじみ、育っていくと思っています。

おしゃれは自由です。
自分で作るのならば、服作りも自由。
難しいことを考えず、たくさんの想像を膨らませ、
あなただけのおしゃれを、自由に遊んでくださいね。

nuno. 泉谷恭子

CONTENTS

> P04/42 (1a) スモッキングブラウス
> P06/45 (1b) スタンドカラーブラウス
> P06/48 (2a) ギャザースカート
> P08/42 (1c) スモッキングブラウス
> P10/48 (2b) ギャザースカート
> P12/47 (1d) フリルスリーブブラウス
> P14/50 (3) バックギャザーワンピース
> P16/52 (4) サルエルパンツ
> P17/55 (5a) ライン入りパンツ
> P18/57 (5b) コーデュロイパンツ
> P20/61 (6a) マキシ丈ワンピース
> P22/58 (6b) スモッキングワンピース
> P24/62 (7) バックギャザージャケット
> P26/65 (8) ビショップスリーブブラウス
> P28/68 (9a) コンビネゾン
> P29/72 (10) リバーシブルジャケット
> P30/71 (9b) リボンつきコンビネゾン
> P33/74 (11a) ボリュームスリーブブラウス
> P34/76 (11b) ノーカラーブラウス
> P36/78 (12) ビッグカラーブラウス
> P38　　　SMOCKING LESSON
> P41　　　BEFORE BEGINNING

1a

スモッキングブラウス

HOW TO MAKE > P42

袖口にスモッキング刺繍を施したnuno.
のアイコン的ブラウス。刺繍糸の色のセ
レクトで、自分らしさが表現できる一枚。

スタンドカラーブラウス

HOW TO MAKE > P45

⓵aの袖と衿をアレンジ。スタンドカラーと
ミシンギャザーの袖で、モダンな印象に。
この本の中でも縫いやすい一枚。

ギャザースカート

HOW TO MAKE > P48

生地幅をフルに使ったギャザースカート。
薄手のコットンシルクなので、ウエスト
ギャザーが寄せやすく、軽やかな仕上り。

1b 2a

スモッキングブラウス
HOW TO MAKE ＞P42
①aの色違い。刺繡は布と同色にして
陰影を際立たせて。あきを前にしてV
ネックのように着用することも。

1c

ギャザースカート
HOW TO MAKE > P48
②aの布を張りと光沢のあるリネンに替えて。裾の縫い代を多くとることでシンプルながら特別感のあるスカートに。

フリルスリーブブラウス

HOW TO MAKE > P47

①bの衿をなくし、袖をハンドギャザー+刺繍に。ほどよい厚みの国産リネンは、時間経過でくったりと柔らかく育ちます。

1d

バックギャザーワンピース

HOW TO MAKE > P50

アンティークドレスのパニエから着想を得たワンピース。後ろスカートには布幅倍のたっぷりの生地にハンドギャザーを。

④

サルエルパンツ
HOW TO MAKE > P52
スカートみたいなサルエルパンツ。昔々、漁師が履いていたような。腰で履くもよし、ハイウエストで履くもよし。

5a

ライン入りパンツ

HOW TO MAKE > P55

ウエストゴムのリラックスパンツ。レーヨンリネンの布でとろんと涼しく、サイドに縫いつけたリボンでスポーティに。

コーデュロイパンツ
HOW TO MAKE > P57

⑤a を太畝コーデュロイに替えて。フロントタックを入れることで前はすっきり、後ろはぽっこりのかわいいシルエットに。

5b

6a

マキシ丈ワンピース
HOW TO MAKE > P61
ウクライナの民俗衣装に着想を得たギャザーたっぷりのワンピース。胸もとには、ヴィンテージのガラスボタンを並べて。

スモッキングワンピース

HOW TO MAKE > P58

⑥aの袖口と衿もとにハンドギャザーを寄せ、スモッキングを施しました。織りのふんわりした厚みのあるリネンで。

7

バックギャザージャケット
HOW TO MAKE > P62
バックスタイルがポイント。ハンドギャザーで寄せた生地の重みでできるシルエット、後ろ身頃の広がりがかわいい。

⑧

ビショップスリーブブラウス

HOW TO MAKE ＞ P65

nuno.の服の中で最もエレガントな一枚。
後ろボタンで着たり、カーディガンのよう
にはおったり、裾を結んだり。

コンビネゾン
HOW TO MAKE > P68

大人でもすっきり着られるコンビネゾン。
ヘリンボーン織りのリネンで、マニッシュ
な着こなしに。

リバーシブルジャケット

HOW TO MAKE > P72

表も裏も着られる薄手のジャケット。古い子ども用のジャケットをイメージソースに。肌寒いときのカーディガン代りにも。

9b

リボンつきコンビネゾン
HOW TO MAKE ＞P71
9aにリボンをつけました。デニムや花柄で作ったり、リボンの代りにロープをつけたり、アレンジしてもかわいいのです。

ボリュームスリーブ
ブラウス

HOW TO MAKE > P74

目の詰まった張りのあるリネンをたっぷり使った袖がかわいいブラウス。身頃にのみ裏布をけることで、着心地抜群。

(11b)

ノーカラーブラウス
HOW TO MAKE >P76
⑪aと同じ身頃パターンを薄手リネンでこなれた印象に。衿ぐりにぐるりと入れた刺繍と袖口のスモッキングがポイント。

ビッグカラーブラウス
HOW TO MAKE ＞P78
ラグランスリーブなので大きい衿のわり
にかわいらしくなりすぎない仕上り。前後
どちらでも着こなしの広がる一枚。

> SMOCKING LESSON

この本に掲載のいくつかの作品には、ハンドギャザーや、スモッキングを施しています。
中世ヨーロッパの農民が着ていた作業着（スモック）に施されていたことが、
その名の由来と言われているスモッキング。
ギャザーにより布に厚みをつけて防寒の役目を果たしたり、
ゴムなどのない時代、平らな布を身体にそわせるための工夫として生まれました。
伸縮性のある特性とデザインを生かして、袖口や衿もとに施してみましょう。

スモッキングの印つけから縫合せまで

P22の⑤⑥のワンピースを題材に、スモッキングを施した袖をカフスと縫い合わせるプロセスを解説します。

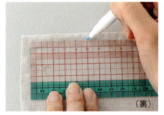
① パターンを参照して、布端から0.5cmの縫い代内に、1cm間隔で点の印をつけます。

② 2列め以降は、前段の印を参照して、均等に印をつけます。

③ しつけ糸1本どりで、糸端は大きめの玉結びにします。印を2～3針すくいます。

④ 針を抜きます。同様に、2～3針ごとに針を抜きながら、並縫いをします。

⑤ すべての印を並縫いし、玉止めをします。

⑥ 並縫いの糸をすべて引いてギャザーを寄せます。糸を切らないように、少しずつ引きます。

⑦ 時折、布を縦にしごいて、均等にギャザーが寄るように整えます。

⑧ 半分ほどギャザーを寄せたら、しつけ糸を2本ずつで結びます。

⑨ 反対側からも同様に糸を引いてギャザーを寄せます。

⑩ ギャザーが寄りました。

⑪ 作り方ページの図案を参照し、スモッキングを施します。

⑫ カフスをつけるときは、しつけ糸をほどき、ギャザーを伸ばします。

⑬ 袖とカフスを中表に重ねます。それぞれの中央と合い印どうしを合わせ、まち針でとめます。

⑭ 裏カフスをよけて縫います。ギャザーが縮まないように引っ張り、目打ちで整えながら縫います。

⑮ カフスを表に返し、縫い目の位置をまつります。

⑯ 出来上り。

> SMOCKING LESSON

ギャザーとスモッキングの仕上りの違い

この本では、作品のイメージや用途に合わせて
さまざまなギャザーの手法を採用しています。
それぞれの特性を理解して、自由にアレンジを楽しんでください。

a ミシンギャザー

b ハンドギャザー

粗ミシンをかけて糸を引く、
一般的なギャザー。
ふんわり柔らかな印象の仕上り。

ハンドギャザーを寄せて、
縫い合わせたあとにしつけ糸を抜いたもの。
クラシカルな印象の仕上り。

c ハンドギャザー＋裏スモッキング

（cの表面）　　　（cの裏面）

bのしつけ糸を抜く前に、裏側にスモッキングを施したもの。
ひだがより強くしっかり残ります。刺繍糸は布と同系色がおすすめです。

d スモッキングを伸ばさない

e スモッキングを伸ばす

スモッキングを施し、しつけをしたまま
縫い合わせたもの。伸縮性はないので、
あきが広い衿もとなどに。

スモッキングのあとにしつけ糸を
抜いて伸ばし、縫い合わせたもの。
伸縮性があるので、袖口などに。

スモッキングのステッチ

この本で使用しているステッチは2種類。
すべて25番刺繍糸3本どりで刺しています。

―― アウトライン・スモッキング ――

アウトライン・ステッチの要領でひだを
1山ずつすくっていく方法。

―― ケーブル・スモッキング ――

 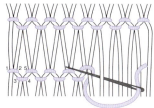

糸が上下交互に渡ったステッチ。
2段の間をあけずに対称に刺したものを
ダブルケーブル・スモッキングと言います。

> SMOCKING LESSON

布と刺繍糸の色合せ

どの刺繍糸を合わせるかは、作品のイメージを決める大切な要素です。
nuno.の展示会でも、たくさんのスワッチをご用意して、
お客さまにお選びいただいています。

刺し始めと刺し終り

始めも終りも、裏の端から
2山めを刺しとめます。

――― 布と同系色の刺繍糸で刺す ―――

黒い布に黒の刺繍糸3本どりで。
P08の①cのブラウスの袖口は
この配色です。

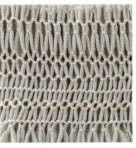
オフホワイトの布に
エクリュの刺繍糸で。
アンティークのナイティのような
優しいイメージ。

赤い布にワインレッドの刺繍糸で。
同系色の糸を刺すことで
布の陰影が際立ちます。

――― 布に映える色の刺繍糸で刺す ―――

黒い布にエクリュの糸で。
モノトーンの配色は、
刺繍の甘さを中和させます。

オフホワイトの布に青の刺繍糸で。
鮮やかな色の対比で
民俗衣装のような雰囲気に。

ブラウンの布に水色の刺繍糸で。
淡い色の組合せで、少女服のような
どことなく懐かしいイメージに。

――― 2色の糸を引きそろえて刺す ―――　　――― 複数色の刺繍糸を使う ―――

黒い布にモスグリーン1本と
水色2本を引きそろえて。
濃色1:淡色2がおすすめです。

オフホワイトの布に
ワインレッドとピンクの刺繍糸で。
この2色を引きそろえて
刺してもかわいいです。

ブルーの布に同系色2色の刺繍糸で。
同系色でまとめれば、
複数色でも合わせやすいです。

――― 刺し始め ―――

 裏のひだの2山めに
針を入れます。

 アウトライン・ステッチの要領で
1山を3回すくい、
山の左側に針を入れて
表側に出します。

 表に返し、
左から右に刺し進めます。

――― 刺し終り ―――

最後の1山の右側から針を入れて
裏側に出し、始めと同様に1山を
3回すくってとめます。

BEFORE BEGINNING

＊ この本のサイズは、S、M、Lの3サイズで展開しています。下表と作品の出来上り寸法を目安に、お好みのサイズを選んでください。
＊ モデルの身長は170cmで、Mサイズを着用しています。
＊ 裁合せ図は、Mサイズを配置しています。サイズによっては配置や用尺が変わる場合があるので、必ず確認してから裁断してください。
＊ 直線だけのスカートやひも類は、裁合せ図に掲載の寸法を見てパターンを作るか、布に直接線を引いて裁つ（＝じか裁ち）をしてください。
＊ 作り方に記載されているロックミシンは、ジグザグミシンで処理しても構いません。
＊ イラスト内の数字の単位はcmです。

サイズ表（ヌード寸法）

※単位はcm

	S	M	L
バスト	82	86	90
ウエスト	64	68	72
ヒップ	88	92	96

> PAGE 04, 08

1a / 1c

スモッキングブラウス

実物大パターン **A面**

[材料] ＊左からS／M／Lサイズ
1a 表布（fabric bird／国産リネンカラー・ファンタムグレイ）
…110cm幅2.3m／2.3m／2.3m
ボタン…直径1cmを1個
DMC25番刺繍糸…550、3768を各1束
1c 表布（CHECK&STRIPE／天使のリネン・木いちご）
…100cm幅2.4m／2.4m／2.4m
ボタン…直径0.8cmを1個
DMC25番刺繍糸…310を1束

[出来上り寸法（1a、1c共通）] ＊左からS／M／Lサイズ
バスト…103.5cm／107.5cm／111.5cm
着丈……41cm／41.7cm／42.5cm
袖丈……44.5cm／45cm／45.5cm

[縫い方]
1. 後ろ中心にスラッシュあきを作る。
2. 肩を折伏せ縫いにする。
3. 脇を縫う。縫い代は2枚一緒にロックミシンをかけて後ろ側に倒す。
4. 裾を三つ折りにして縫う。
5. 衿ぐりをバイアステープで始末する。
6. 袖下を縫う。縫い代は2枚一緒にロックミシンをかけて後ろ側に倒す。
7. 袖口を三つ折りにして縫い、袖山にギャザーを寄せる。
8. 袖口にハンドギャザーを寄せ、スモッキング刺繍を施す（P38参照）。
9. 袖をつける。縫い代は2枚一緒にロックミシンをかけて身頃側に倒す。
10. 後ろ中心に糸ループとボタンをつける。

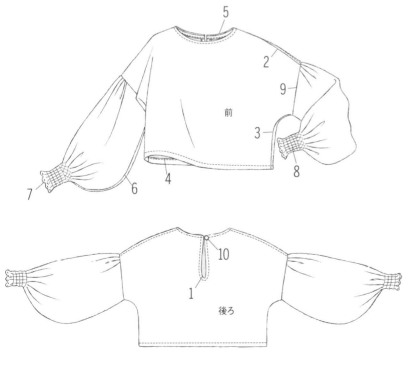

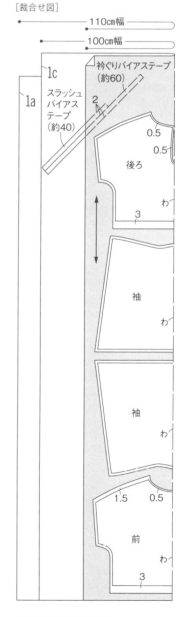

[裁合せ図]

＊指定以外の縫い代は1cm

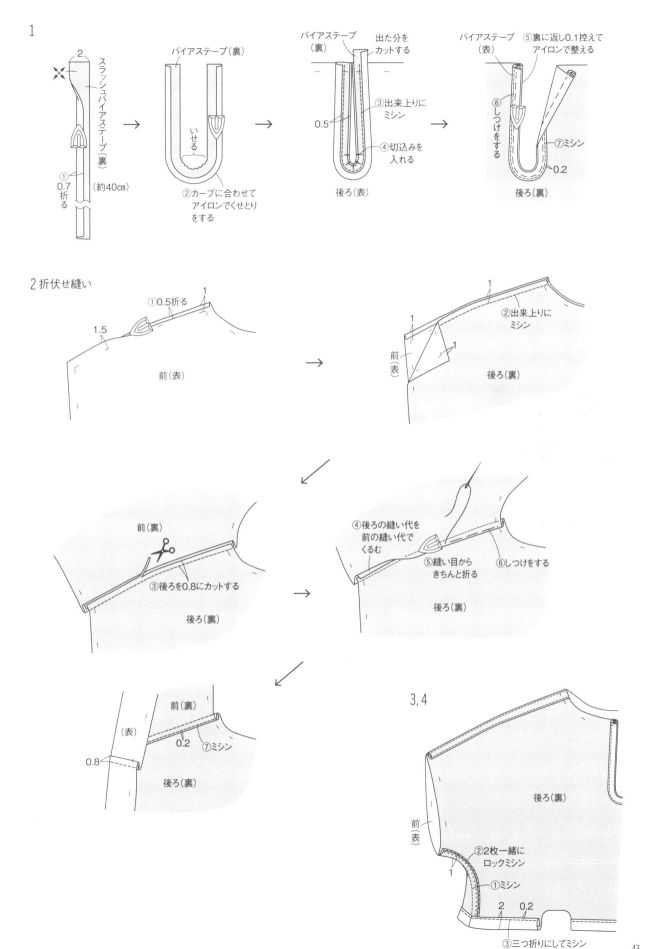

5

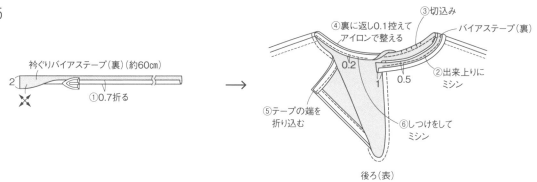

6, 7, 8

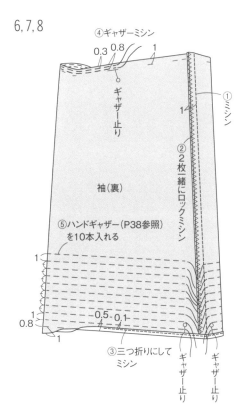

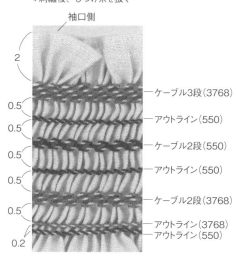

[刺繍図案]
* 単位はcm
* ( )内は1aのDMC25番刺繍糸色番号
  1bはすべて310番を使用
* すべて3本どり
* 刺し方はP39参照
* 刺繍後、しつけ糸を抜く

9

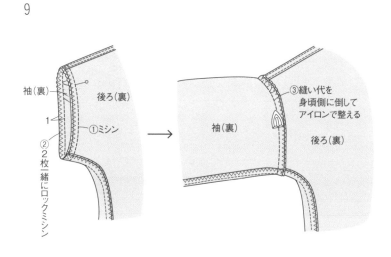

10

穴かがりの要領で作る方法

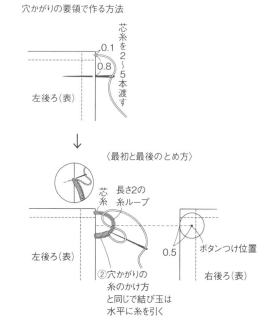

> PAGE 06

[材料] ＊左からS／M／Lサイズ
表布(ソールパーノ／先染綿シルクローンシンプルチェック・レンガ)
…112cm幅2m／2.1m／2.1m
接着芯…10×20cm
ボタン…直径1.3cmを1個

スタンドカラーブラウス

実物大パターン A面

[出来上り寸法]
＊左からS／M／Lサイズ
バスト…
103.5cm／107.5cm／111.5cm
着丈…45cm／45.7cm／46.5cm
袖丈…13cm／13cm／13cm

[縫い方]
準備…スラッシュ見返しに接着芯をはり、端にロックミシンをかける。
1. 後ろ中心にスラッシュあきを作る。
2. 肩を折伏せ縫いにする(P43参照)。
3. 脇を縫う。縫い代は2枚一緒にロックミシンをかけて後ろ側に倒す。
4. 裾を三つ折りにして縫う。
5. 衿を作り、つける。
6. 袖を作る。
7. 袖をつける。縫い代は3枚一緒にロックミシンをかけて身頃側に倒し、ステッチをかける。
8. 後ろ中心に糸ループとボタンをつける。

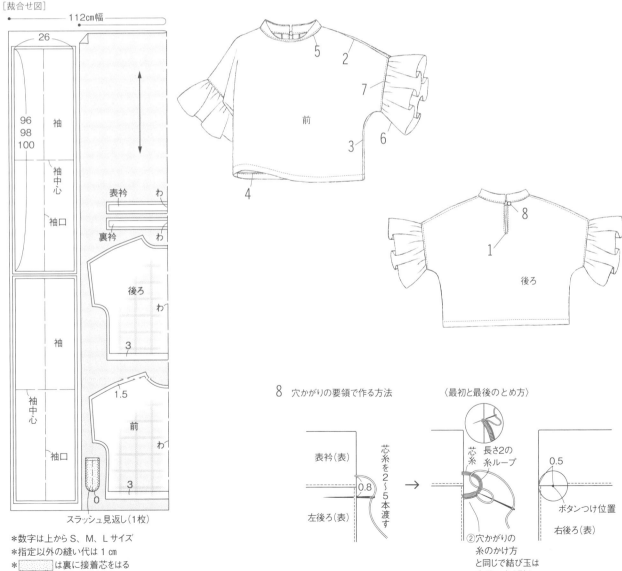

＊数字は上からS、M、Lサイズ
＊指定以外の縫い代は1cm
＊▨は裏に接着芯をはる
＊〰〰はロックミシンをかける

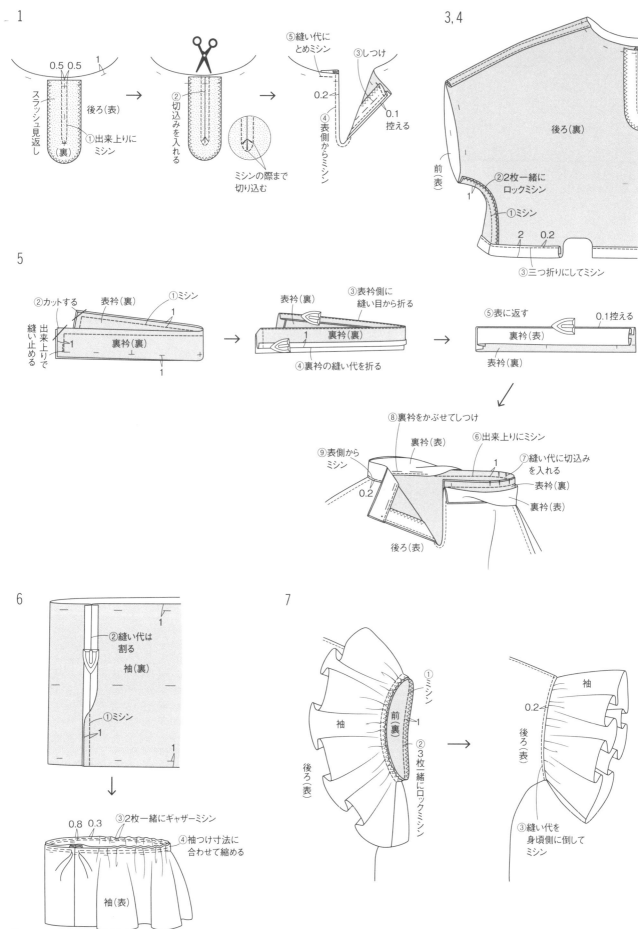

> PAGE12

[材料] ＊左からS／M／Lサイズ
表布(fabric bird／国産リネンカラー・ミノアンブルー)
…110cm幅2.1m／2.2m／2.2m
ボタン…直径1.2cmを1個
DMC25番刺繍糸…168、833を各1束

フリルスリーブ ブラウス

実物大パターン A面

[縫い方] 6、7、9以外は、P43、44を参照
1. 後ろ中心にスラッシュあきを作る。
2. 肩を折伏せ縫いにする(P43参照)。
3. 脇を縫う。縫い代は2枚一緒にロックミシンをかけて後ろ側に倒す。
4. 裾を三つ折りにして縫う。
5. 衿ぐりをバイアステープで始末する。
6. 袖下を縫う。縫い代は2枚一緒にロックミシンをかけて後ろ側に倒す。
7. 袖口を三つ折りにして縫う。
8. 袖にハンドギャザーを寄せ、スモッキング刺繍を施す(P38参照)。
9. 袖をつける。
   縫い代は2枚一緒にロックミシンをかけて身頃側に倒し、ステッチをかける。
10. 後ろ中心に糸ループとボタンをつける(P44参照)。

[出来上り寸法]
＊左からS／M／Lサイズ
バスト…
103.5cm／107.5cm／111.5cm
着丈…45cm／45.7cm／46.5cm
袖丈…18cm／18cm／18cm

[裁合せ図]

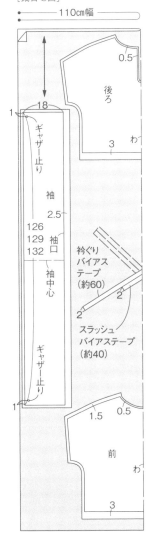

＊数字は上からS、M、Lサイズ
＊指定以外の縫い代は1cm

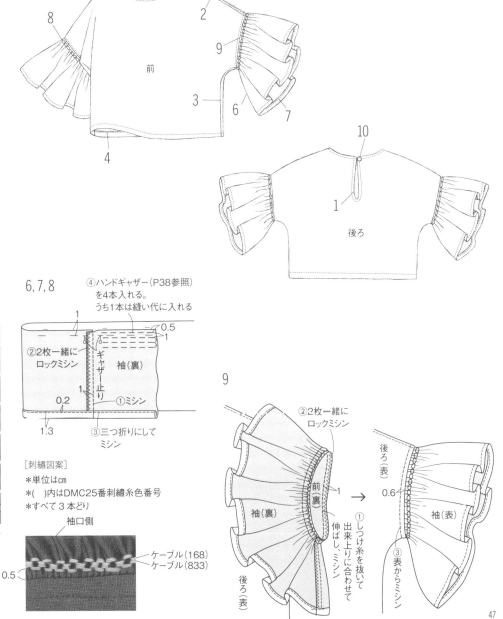

ギャザースカート

実物大パターン **A面**

[材料] ＊左からS／M／Lサイズ
2a 表布（ソールパーノ／先染綿シルクローンシンプルチェック・レンガ）
…112cm幅3.5m／3.5m／3.6m
2b 表布（ソールパーノ／40Sフレンチリネンキャンバス・ブラック）
…130cm幅3m／3m／3m
ゴムテープ…0.6cm幅1.9m／2m／2.1m

[出来上り寸法] ＊左からS／M／Lサイズ　（　）内は2b
ウエスト…56cm／60cm／64cm
スカート丈……88.5（101.5）cm／90（103）cm／91.5（104.5）cm

[縫い方]
準備…スカートのポケット口、袋布のポケット口側全体にロックミシンをかける。
1. ポケット口、ゴムテープ通し口を残して脇を縫う。縫い代は前側に倒す。
　 ゴムテープ通し口は割る。
2. ポケットを作り、脇、袋布に続けてロックミシンをかける。
3. 裾を三つ折りにして縫う。
　 ウエストを三つ折りにして縫い、ゴムテープ通しミシンをかける。
4. ゴムテープ通し口からゴムテープを通す。
5. リボンベルトを作る（2aのみ）。

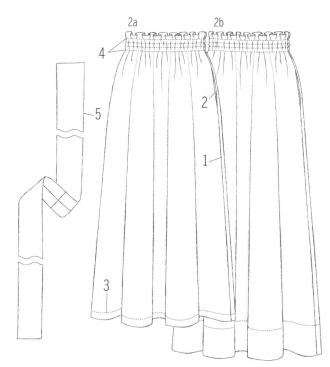

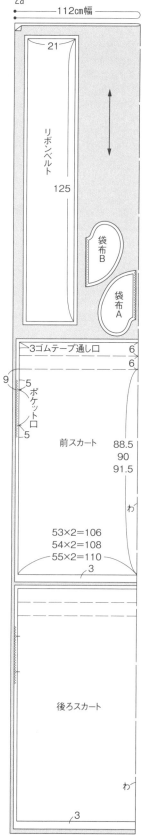

＊数字は上からS、M、Lサイズ
＊指定以外の縫い代は1cm
＊〰〰〰〰 はロックミシンをかける

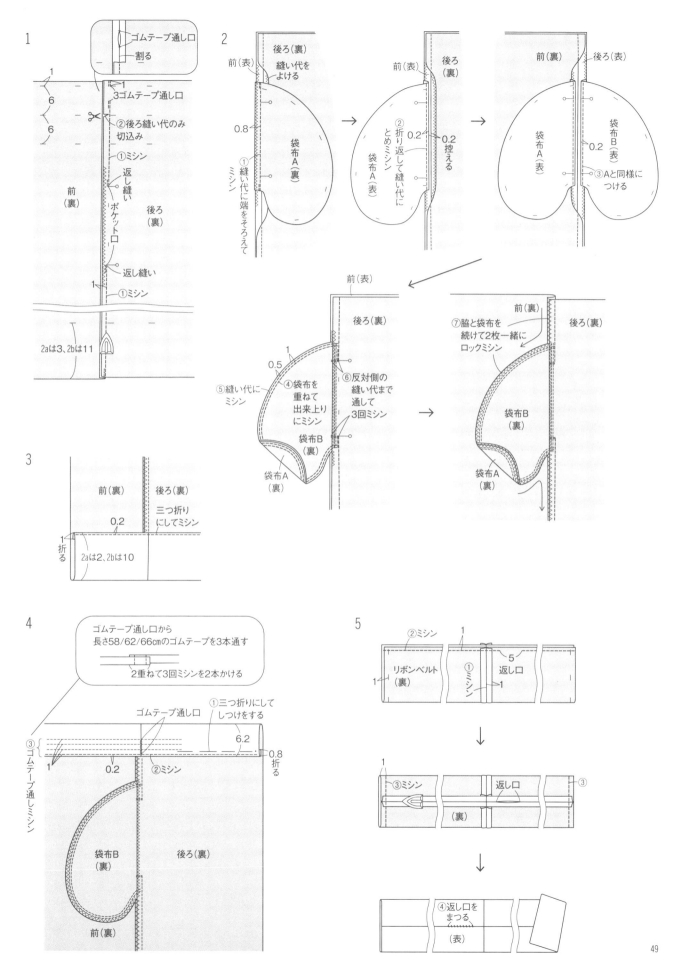

バックギャザーワンピース

実物大パターン **A面**

[材料] ＊左からS／M／Lサイズ
表布（ソールパーノ／レーヨンリネンイージークロスワッシャー・アーモンド）
…134cm幅3.6m／3.6m／3.6m
接着芯…90cm幅0.5m／0.5m／0.5m
DMC25番刺繍糸…975を1束

[出来上り寸法] ＊左からS／M／Lサイズ
バスト…88cm／92cm／96cm
着丈……108.5cm／110cm／111.5cm

[縫い方]
準備…後ろ身頃、前見返しに接着芯をはる。前見返しの端、スカートのポケット口、
　　袋布のポケット口側全体にロックミシンをかける。
1. 後ろスカートをはぎ合わせる。
　　縫い代は2枚一緒にロックミシンをかけ、中心側に倒す。
2. 後ろスカートの裏面にハンドギャザーを寄せ、スモッキング刺繍を施す（P38参照）。
3. 後ろ身頃とスカートを縫い合わせる。縫い代は身頃側に倒す。
4. ポケット口を残して脇を縫う。縫い代は前側に倒す（P49参照）。
5. ポケットを作り、脇、袋布に続けてロックミシンをかける（P49参照）。
6. 裾を三つ折りにして縫う。
7. 身頃、見返しの肩、見返しの脇を縫う。縫い代は割る。
8. 身頃と見返しを中表に合わせて衿ぐりを縫い、表に返して整える。
9. 見返しの端をめくって袖ぐりを縫い、表に返して整える。
10. 後ろ見返しの端を身頃にまつる。
　　衿ぐり、袖ぐり、後ろ身頃切替えにステッチをかける。

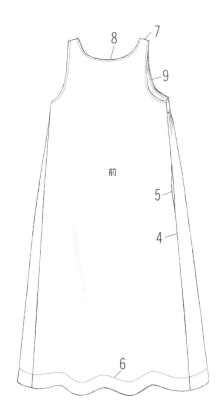
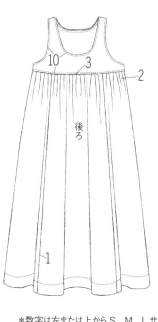
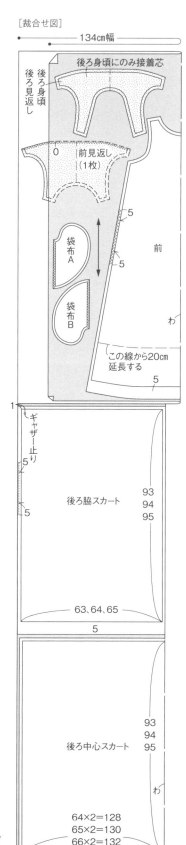

＊数字は左または上からS、M、Lサイズ
＊指定以外の縫い代は1cm
＊▨は裏に接着芯をはる
＊〰〰はロックミシンをかける

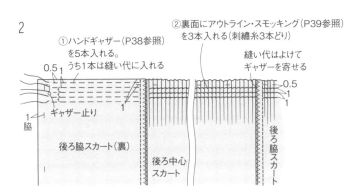
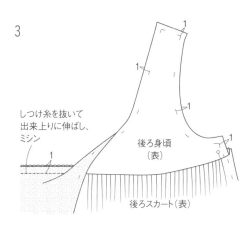
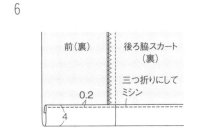
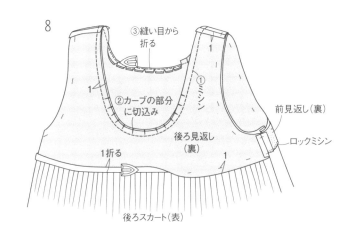
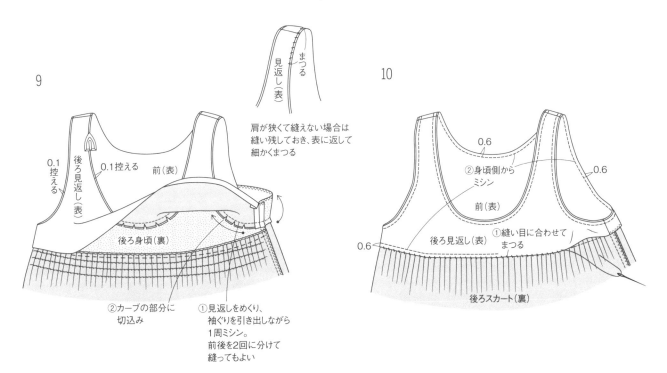

④ サルエルパンツ

実物大パターン A面

[材料] ＊左からS／M／Lサイズ
表布（ソールパーノ／先染綿麻ヘリンボンシャンブレー・アイボリー）
…102cm幅3.4m／3.4m／3.4m
接着芯…90cm幅0.3m／0.3m／0.3m
ボタン…直径1.5cmを4個

[出来上り寸法]
＊左からS／M／Lサイズ
ウエスト…72cm／76cm／80cm
ヒップ…
194.5cm／198.5cm／202.5cm
パンツ丈…
92.5cm／94cm／95.5cm

[縫い方]
準備…前中心、パンツのポケット口からウエストまで、
　　　袋布のポケット口側全体にロックミシンをかける。
　　　表ベルト、持出し、見返し、比翼布に接着芯をはる。
1. 前中心をあき止まりまで縫う。縫い代は割る。
2. 前あきを作る。
　a 比翼布にボタンホールを作る。
　b 見返しと比翼布を重ねて仮どめし、端にロックミシンをかける。
　c 左前に見返し・比翼布をつけ、出来上りにステッチをかける。
　d 持出しの下側を縫い返し、つけ側にロックミシンをかける。
　　右前に持出しをつける。
　e 前中心を出来上りに重ね、
　　持出しまで通してあき止まりに3回ミシンをかける。
　f 持出しと見返しを重ねてとめる。
3. ポケット口を残して脇を縫う。縫い代は前側に倒す（P49参照）。
4. ポケットを作る。
　脇、袋布に続けてロックミシンをかける（P49参照）。
5. 股下を縫う。
　縫い代は2枚一緒にロックミシンをかけて前側に倒す。
6. 裾を三つ折りにして縫う。
7. ウエストのタックをたたみ、仮どめする。
8. ベルトを作り、つける。
9. ベルトにボタンホールを作り、ベルト、持出しにボタンをつける。

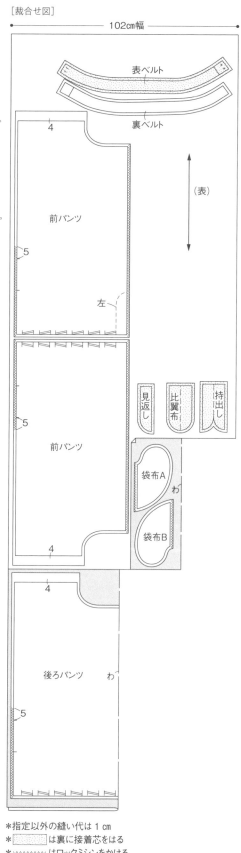

＊指定以外の縫い代は1cm
＊▨ は裏に接着芯をはる
＊〜〜〜 はロックミシンをかける

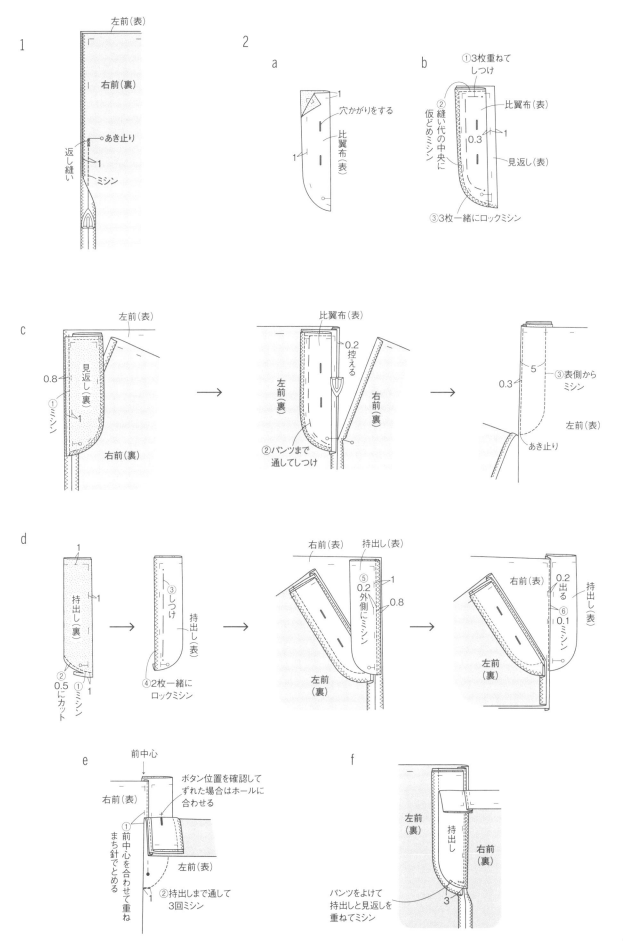

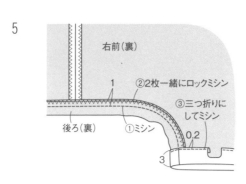
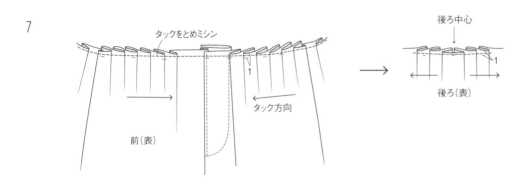
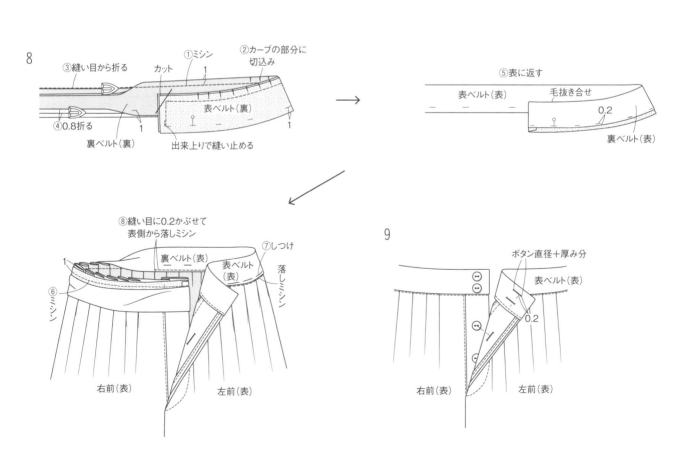

> PAGE17

 5a

[材料] ＊左からS／M／Lサイズ
表布（ソールパーノ／レーヨンリネンイージークロスワッシャー・レモンイエロー）
…134cm幅2.4m／2.4m／2.4m
グログランリボン…2.5cm幅2.4m／2.4m／2.4m
ゴムテープ…5cm幅0.5m／0.5m／0.6m

ライン入り パンツ

実物大パターン **A面**

[出来上り寸法]
＊左からS／M／Lサイズ
ウエスト…70cm／74cm／78cm
ヒップ…
115cm／119cm／123cm
股下…
66.5cm／67.5cm／68.5cm
パンツ丈…
106cm／107.5cm／109cm

[縫い方]
準備…パンツのポケット口からウエストまで、袋布のポケット口側全体、
　　　前後見返しの端にロックミシンをかける。
1. 後ろパンツの脇にグログランリボンを縫いつける。
2. ポケット口を残して脇を縫う。縫い代は前側に倒す（P69参照）。
3. ポケットを作り、脇、袋布に続けてロックミシンをかける（P69参照）。
4. 前パンツの股ぐりを縫う。
　 縫い代は2枚一緒にロックミシンをかけて左パンツ側に倒す（P70参照）。
5. 後ろパンツの股ぐりを縫う。
　 縫い代は2枚一緒にロックミシンをかけて右パンツ側に倒す（P70参照）。
6. 股下を縫う。
　 縫い代は2枚一緒にロックミシンをかけて前側に倒す（P70参照）。
7. 裾を三つ折りにして縫う（P70参照）。
8. 見返しの脇を縫う。縫い代は割る。見返しの端を二つ折りにして縫う。
9. 前パンツのウエストにタックをたたんで仮どめし、見返しと中表に合わせて
　 ウエストを縫い返す。縫い代を整えてステッチをかける。
10. 後ろパンツのウエストにゴムテープ通しミシンをかける。
11. ベルトループを作り、つける。
12. 袋布を見返しにミシンで縫いとめ、前後中心の縫い代に見返しをまつる。
　 ゴムテープを通し、脇縫い目にゴムテープどめミシンをかける。

[裁合せ図]

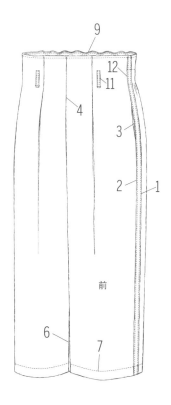

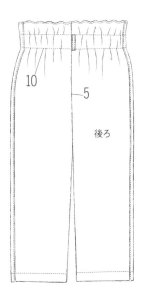

＊指定以外の縫い代は1cm
＊〰〰〰 はロックミシンをかける

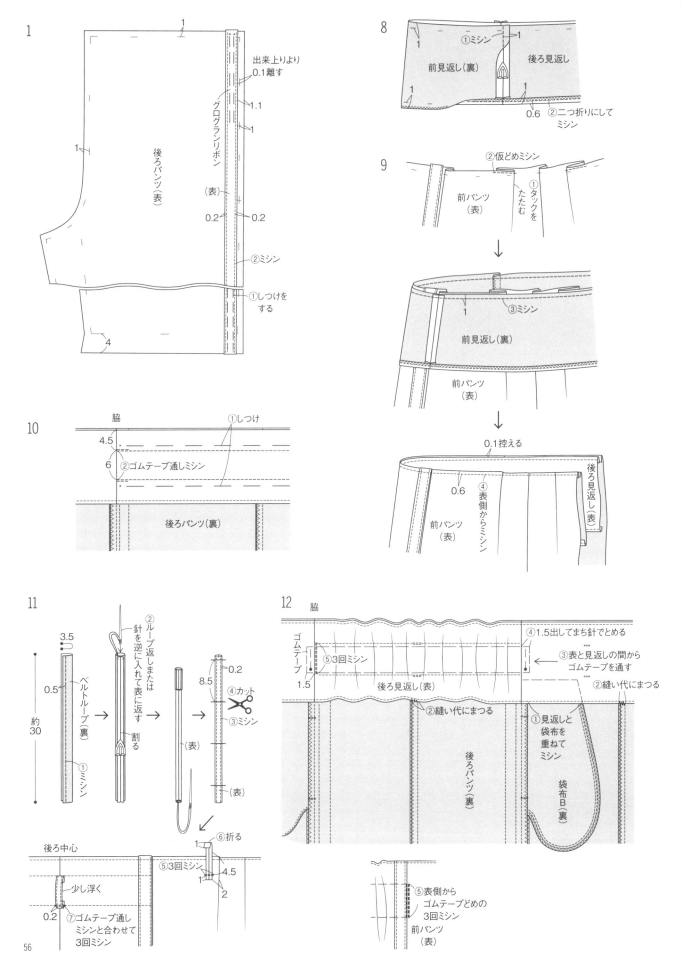

> PAGE18

コーデュロイ
パンツ

実物大パターン A面

[出来上り寸法]
＊左からS／M／Lサイズ
ウエスト…70cm／74cm／78cm
ヒップ…
115cm／119cm／123cm
股下…
66.5cm／67.5cm／68.5cm
パンツ丈…
106cm／107.5cm／109cm

[裁合せ図]

[材料] ＊左からS／M／Lサイズ
表布（CHECK&STRIPE／フレンチコーデュロイ太うね・ビーツパープル）
…103cm幅2.4m／2.4m／2.4m
別布（コットンブロード・ラベンダー）…110cm幅0.4m／0.4m／0.4m
ゴムテープ…5cm幅0.5m／0.5m／0.6m

[縫い方]　7～11は、P56を参照。
準備…パンツのポケット口からウエストまで、袋布のポケット口側全体、
　　　前後見返しの端にロックミシンをかける。
1. ポケット口を残して脇を縫う。縫い代は前側に倒す（P69参照）。
2. ポケットを作り、脇、袋布に続けてロックミシンをかける（P69参照）。
3. 前パンツの股ぐりを縫う。
　　縫い代は2枚一緒にロックミシンをかけて左パンツ側に倒す（P70参照）。
4. 後ろパンツの股ぐりを縫う。
　　縫い代は2枚一緒にロックミシンをかけて右パンツ側に倒す（P70参照）。
5. 股下を縫う。
　　縫い代は2枚一緒にロックミシンをかけて前側に倒す（P70参照）。
6. 裾を三つ折りにして縫う（P70参照）。
7. 見返しの脇を縫う。縫い代は割る。見返しの端を二つ折りにして縫う。
8. 前パンツのウエストにタックをたたんで仮どめし、見返しと中表に合わせて
　　ウエストを縫い返す。縫い代を整えてステッチをかける。
9. 後ろにゴムテープ通しミシンをかける。
10. ベルトループを作り、つける。
11. 袋布を見返しにミシンで縫いとめ、前後中心の縫い代に見返しをまつる。
　　ゴムテープを通し、脇縫い目にゴムテープどめミシンをかける。

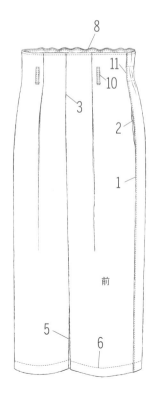

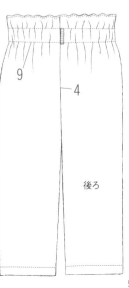

＊指定以外の縫い代は1cm
＊〜〜〜〜はロックミシンをかける

> PAGE22

[材料] ＊左からS/M/Lサイズ
表布(fabric bird/リトアニアリネン中厚ナチュラル・フロスティホワイト)
…140cm幅3.1m／3.1m／3.1m
ボタン…直径0.6cmを9個
DMC25番刺繍糸…ECRU、939を各1束

スモッキング ワンピース

実物大パターン **A面**

[出来上り寸法]
＊左からS/M/Lサイズ
バスト…
185cm／189cm／193cm
着丈…
103.5cm／105cm／106.5cm
袖丈…35.5cm／36cm／36.5cm

[縫い方]
準備…袖下にロックミシンをかける。
1. 前身頃にスラッシュあきを作る。
2. 肩ヨークと前後身頃を縫う。
   縫い代は2枚一緒にロックミシンをかけてヨーク側に倒す。
3. 上脇と下脇をはぎ合わせる。
   縫い代は2枚一緒にロックミシンをかけて下脇側に倒す。
4. 脇と前後身頃を縫う。縫い代は2枚一緒にロックミシンをかけて脇側に倒す。
   裾を三つ折りにして縫う。
5. 袖下をあき止まりまで縫う。縫い代は割る。あきを三つ折りにして縫う。
6. 身頃と袖にハンドギャザーを寄せ、スモッキング刺繍を施す(P38参照)。
7. 衿を作り、つける。
8. カフスを作り、つける。
9. 袖をつける。縫い代は2枚一緒にロックミシンをかけて袖側に倒す。
10. 前中心とカフスに糸ループ(P44参照)とボタンをつける。

[裁合せ図]

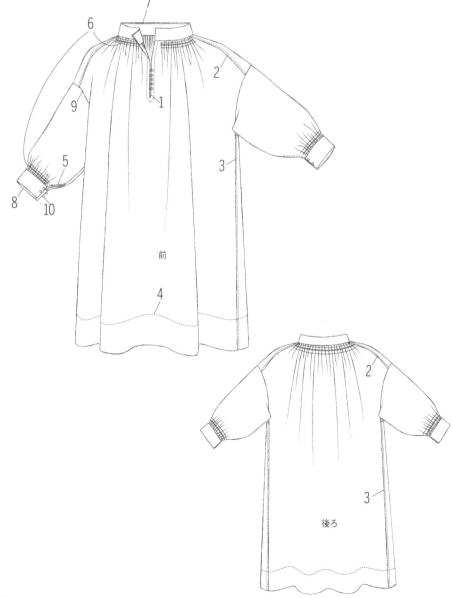

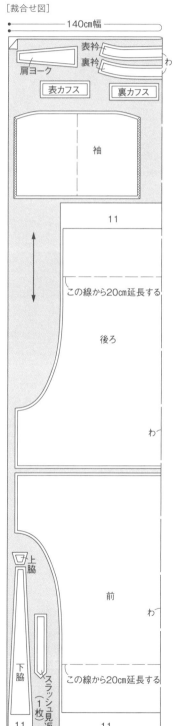

＊指定以外の縫い代は1cm
＊～～～ はロックミシンをかける

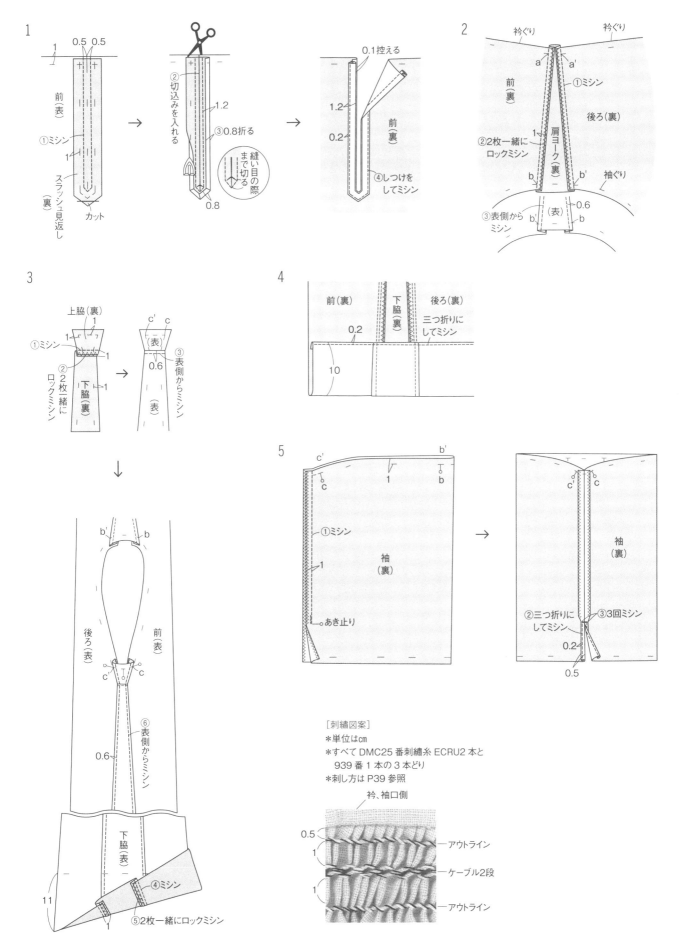

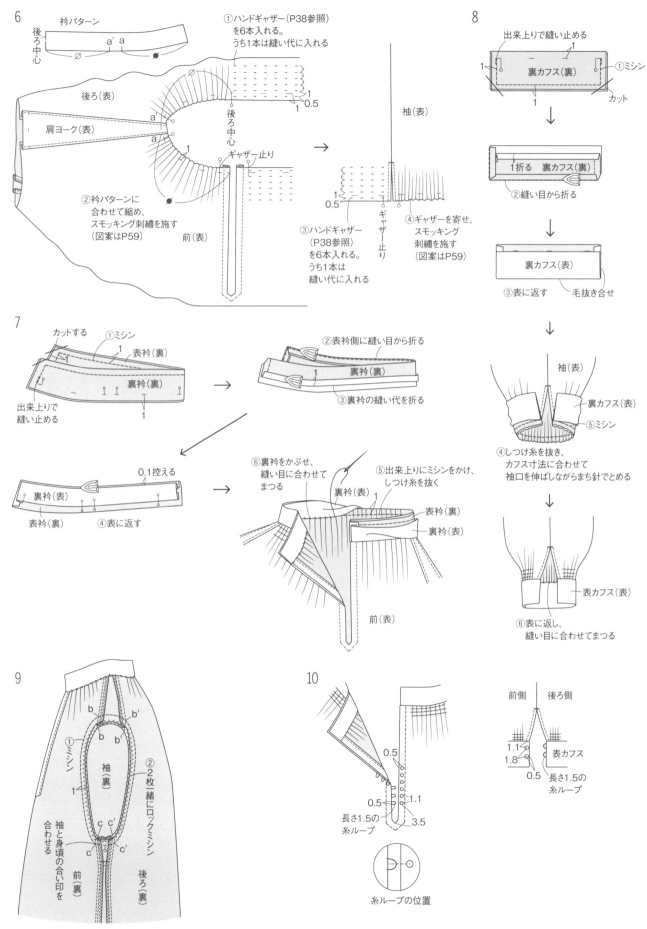

> PAGE20

[材料] ＊左からS／M／Lサイズ
表布（プレドゥ／幅広130カラーリネン・チャコール）
…130cm幅3.8m／3.8m／3.8m
ボタン…直径1cmを10個

[縫い方] 6以外は、P59、60を参照
準備…袖下にロックミシンをかける。
1. 前身頃にスラッシュあきを作る。
2. 肩ヨークと前後身頃を縫う。
   縫い代は2枚一緒にロックミシンをかけてヨーク側に倒す。
3. 上脇と下脇をはぎ合わせる。
   縫い代は2枚一緒にロックミシンをかけて下脇側に倒す。
4. 脇と前後身頃を縫う。縫い代は2枚一緒にロックミシンをかけて脇側に倒す。
5. 裾を三つ折りにして縫う。
6. 袖下をあき止りまで縫う。縫い代は割る。あきを三つ折りにして縫う。
7. 身頃と袖にギャザーを寄せる（P67参照）。
8. 衿を作り、つける。
9. カフスを作り、つける。
10. 袖をつける。縫い代は2枚一緒にロックミシンをかけて袖側に倒す。
    前中心とカフスに糸ループ（P44参照）とボタンをつける。

マキシ丈ワンピース

実物大パターン **A面**

[出来上り寸法]
＊左からS／M／Lサイズ
バスト…
185cm／189cm／193cm
着丈…
138.5cm／139cm／140.5cm
袖丈…35.5cm／36cm／36.5cm

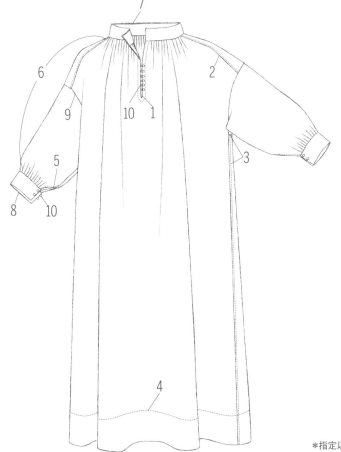

＊指定以外の縫い代は1cm
＊〰〰〰〰はロックミシンをかける

[材料] ＊左からS／M／Lサイズ
表布(fabric bird／リトアニアリネン中厚ナチュラル・ブラック)
…140cm幅1.8m／1.8m／1.8m
別布(ソールパーノ／2/48ウールガーゼ釜絨仕上げ・バイカラーデニム)
…130cm幅0.7m／0.7m／0.7m

バックギャザージャケット

実物大パターン B面

[出来上り寸法]
＊左からS／M／Lサイズ
バスト…
178cm／182cm／186cm
着丈…53cm／54cm／55cm
袖丈…35.5cm／36cm／36.5cm

[縫い方]
1. 後ろ身頃にハンドギャザーを寄せる(P38参照)。
2. 衿を作り、後ろ身頃につける。
3. 後ろ身頃の裾を三つ折りにして縫う。
4. 後ろ身頃と表前身頃を中表に合わせる。
   後ろ身頃の裏に裏前身頃の表を合わせ、肩、脇を縫う。
5. 一方の前身頃に後ろ、反対前身頃を入れて前端、裾を続けて縫う。
   袖ぐりから引き出して表に返し、整える。
   もう一方の前身頃も同様に縫い返し、整える。
6. 表・裏袖の袖下を縫う。縫い代は割る。
7. 袖口を中表に合わせて縫い、表に返して整える。
8. 表袖をつける。縫い代は袖側に倒す。裏袖を袖ぐりにまつる。

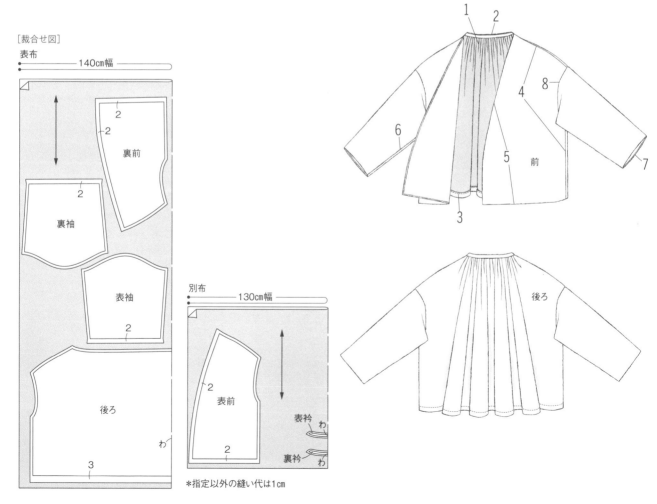

＊指定以外の縫い代は1cm

1

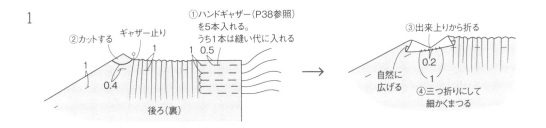

2

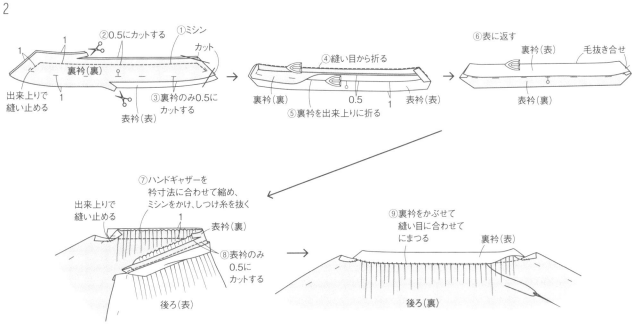

3 4

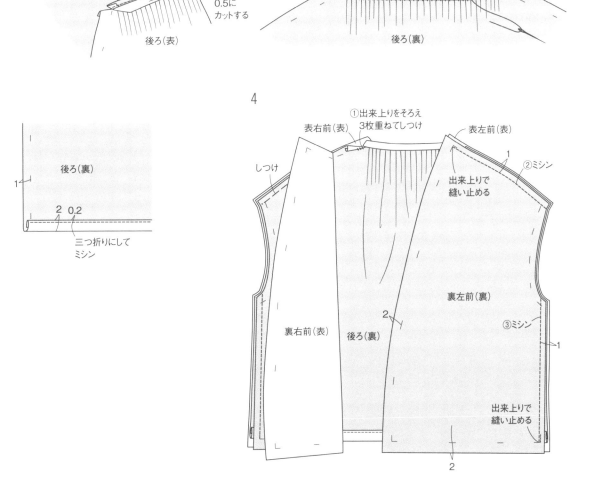

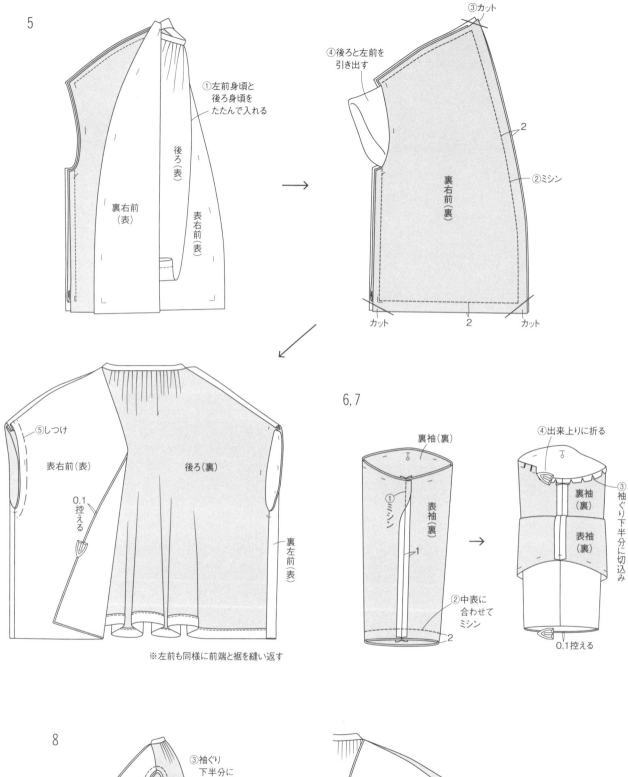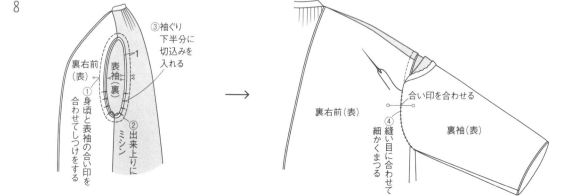

> PAGE26

ビショップ スリーブブラウス

実物大パターン B面

[材料] ＊左からS／M／Lサイズ
表布(CHECK&STRIPE／天使のリネン・マッシュルーム)
…100cm幅2.5m／2.5m／2.5m
ボタン…直径0.8cmを7個

[縫い方]
準備…後ろ見返しに接着芯をはる。袖下にロックミシンをかける。
1. 肩を折伏せ縫いにする(P43参照)。
2. 脇を折伏せ縫いにする(P43参照)。
3. 衿ぐりをバイアステープで始末する。
4. 裾と後ろ端の角を額縁仕立てにし、裾と後ろ端を三つ折りにして縫う。
5. 袖下をあき止りまで縫う。縫い代は割る。
   袖山側と袖口にギャザーを寄せる。あきを三つ折りにして縫う。
6. カフスを作り、つける。
7. 袖をつける。縫い代は2枚一緒にロックミシンをかけて身頃側に倒す。
8. 後ろ中心にボタンホール、カフスに糸ループ(P44参照)を作り、
   ボタンをつける。

[出来上り寸法]
＊左からS／M／Lサイズ
バスト…
96.5cm／100.5cm／104.5cm
着丈…
47.5cm／48.5cm／49.5cm
袖丈……58cm／59cm／60cm

[裁合せ図]

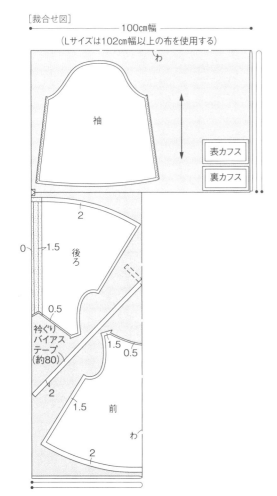

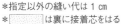

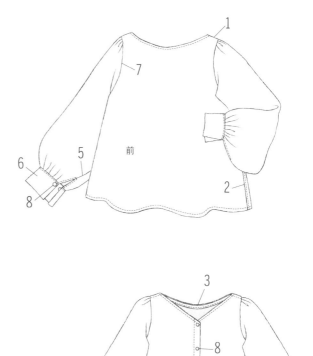

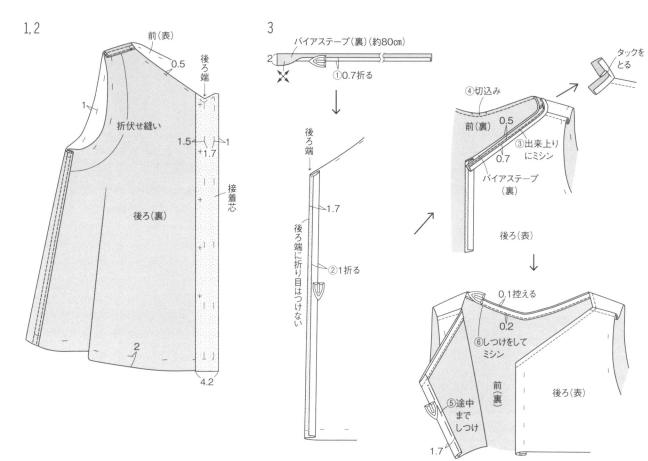

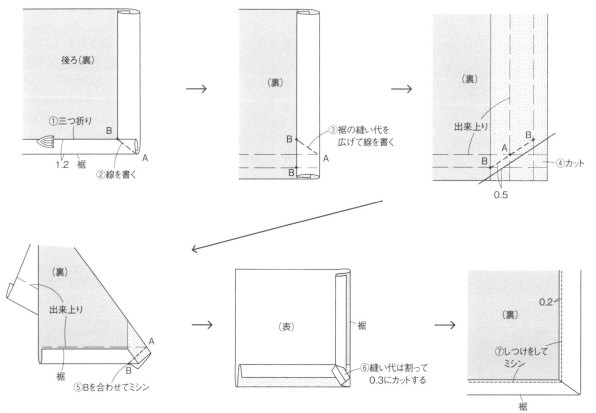

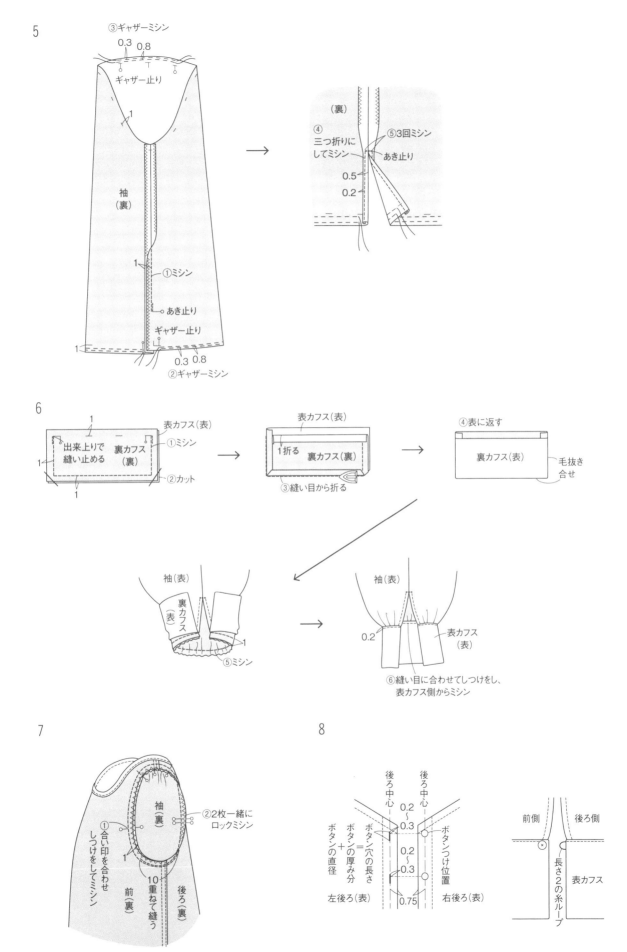

> PAGE28

9a

コンビネゾン

実物大パターン B面

[出来上り寸法]
＊左からS／M／Lサイズ
ウエスト…89cm／93cm／97cm
ヒップ…
99.5cm／103.5cm／107.5cm
股下…
69.5cm／70.5cm／71.5cm
パンツ丈…
109.5cm／111cm／112.5cm

[材料]　＊左からS／M／Lサイズ
表布（布もよう／リネンヘリンボーン・オフ）
…112cm幅3m／3m／3m

[縫い方]
準備…パンツのポケット口からウエストまで、袋布のポケット口側全体、見返しの端にロックミシンをかける。
1. 表裏身頃の肩をそれぞれ縫う。縫い代は割る。
2. 表裏身頃を中表に合わせて衿ぐり、袖ぐりを縫い、表に返して整える。
3. 表裏身頃の脇を縫う。
4. ポケット口を残してパンツの脇を縫う。縫い代は前側に倒す。
5. ポケットを作り、脇、袋布に続けてロックミシンをかける。
6. 脇にステッチをかける。
7. 前パンツの股ぐりを縫う。
   縫い代は2枚一緒にロックミシンをかけて左パンツ側に倒しステッチをかける。
8. 後ろパンツの股ぐりを縫う。
   縫い代は2枚一緒にロックミシンをかけて右パンツ側に倒しステッチをかける。
9. 股下を縫う。縫い代は2枚一緒にロックミシンをかけて前側に倒す。
10. 裾を三つ折りにして縫う。
11. 見返しの脇を縫う。縫い代は割る。
12. 身頃、パンツ、見返しを重ねてウエストを縫う。
    パンツウエストにステッチをかける。
※ 身長の高いかたは表裏身頃、前後パンツの切替え線の縫い代を多めにとり、試着してから縫い合わせてください。

[裁合せ図]

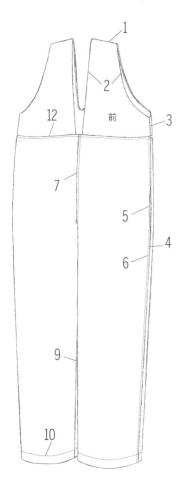

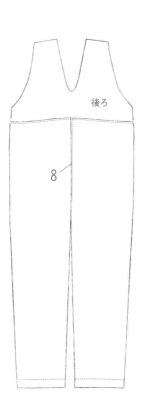

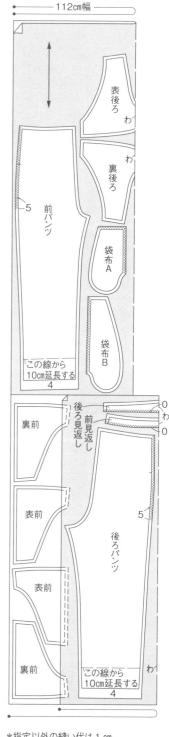

＊指定以外の縫い代は 1 cm
＊〰〰〰 はロックミシンをかける

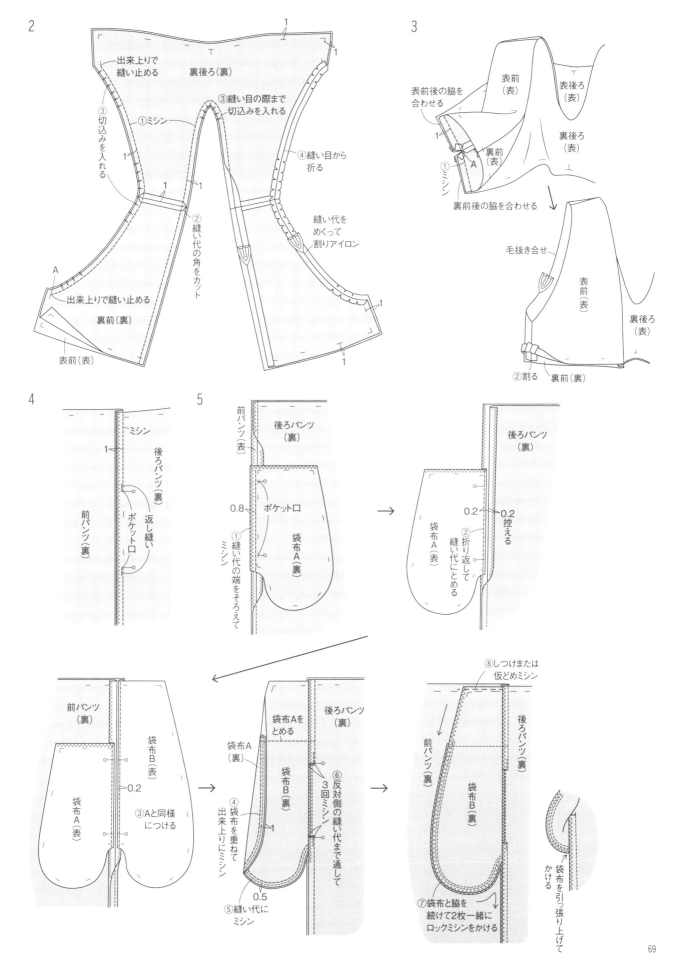

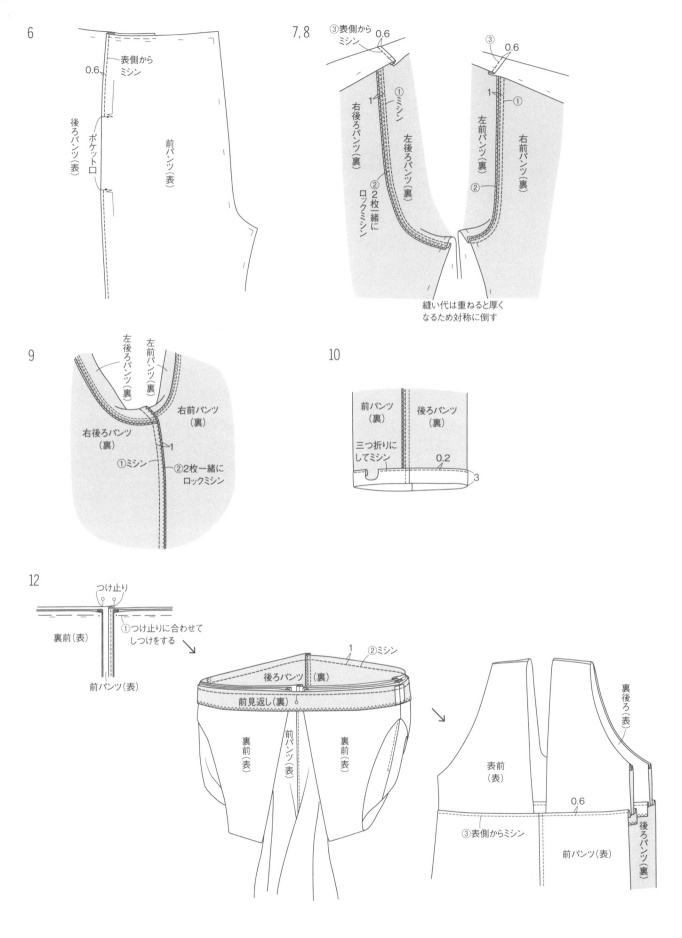

>PAGE30

リボンつき コンビネゾン

実物大パターン B面

[材料] ＊左からS／M／Lサイズ
表布（ソールパーノ／リネンラミーキャンバス・インディゴ）
…153cm幅2.1m／2.1m／2.1m
リボン…1.6cm幅1.5m

[出来上り寸法]
＊左からS／M／Lサイズ
ウエスト…89cm／93cm／97cm
ヒップ…
99.5cm／103.5cm／107.5cm
股下…
69.5cm／70.5cm／71.5cm
パンツ丈…
109.5cm／111cm／112.5cm

[縫い方]　2、12以外は、P69、70参照。
準備…パンツのポケット口からウエストまで、袋布のポケット口側全体、見返しの端にロックミシンをかける。

1. 表裏身頃の肩をそれぞれ縫う。縫い代は割る。
2. 前身頃にリボンを仮どめする。
   表裏身頃を中表に合わせて衿ぐり、袖ぐりを縫い、表に返して整える。
3. 表裏身頃の脇を縫う。
4. ポケット口を残してパンツの脇を縫う。縫い代は前側に倒す。
5. ポケットを作り、脇、袋布に続けてロックミシンをかける。
6. 前パンツの股ぐりを縫う。
   縫い代は2枚一緒にロックミシンをかけて左パンツ側に倒す。
7. 後ろパンツの股ぐりを縫う。
   縫い代は2枚一緒にロックミシンをかけて右パンツ側に倒す。
8. 股下を縫う。縫い代は2枚一緒にロックミシンをかけて前側に倒す。
9. 裾を三つ折りにして縫う。
10. 見返しの脇を縫う。縫い代は割る。
11. 身頃、パンツ、見返しを重ねてウエストを縫う。
    パンツウエストにステッチをかける。
12. リボンの先を三つ折りにして縫う。

※ 身長の高いかたは表裏身頃、前後パンツの切替え線の縫い代を多めにとり、試着してから縫い合わせてください。

[裁合せ図]

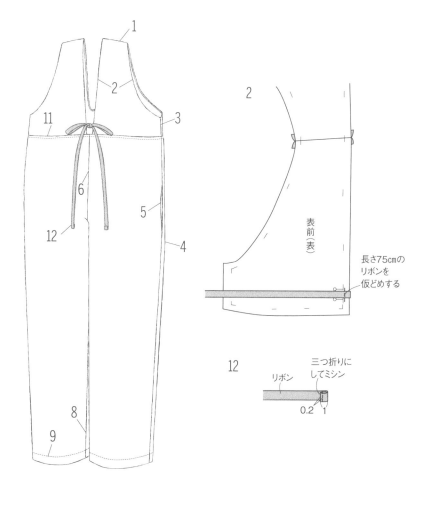

＊指定以外の縫い代は1cm
＊〰〰〰〰はロックミシンをかける

10

リバーシブルジャケット

実物大パターン **B面**

[材料] ＊左からS／M／Lサイズ
表布A（布もよう／リネンヘリンボーン・オフ）
…112cm幅1.5m／1.5m／1.5m
表布B（布もよう／リネンヘリンボーン・カーキ）
…112cm幅1.5m／1.5m／1.5m

[出来上り寸法] ＊左からS／M／Lサイズ
バスト…106cm／110cm／114cm
着丈……34.5cm／35cm／35.5cm
袖丈……42.5cm／43.5cm／44.5cm

[縫い方]
1〜5は表布A・B共通
1. 肩を縫う。縫い代は割る。
2. 脇を縫う。縫い代は割る。
3. 衿をつける。縫い代は割る。
4. 袖下を縫う。縫い代は割る。
5. 袖をつける。縫い代は割る。
6. 表布AとBを中表に合わせ、返し口を残して、裾から前端、衿外回りと1周縫う。
7. 表布AとBの袖口を突合せにして1周縫う。
8. 返し口から表に返し、身頃、衿、袖口を毛抜き合せに整える。AとBの肩、衿ぐり、脇を中とじまたは表から星どめか落しミシンでとじる。返し口をまつる。

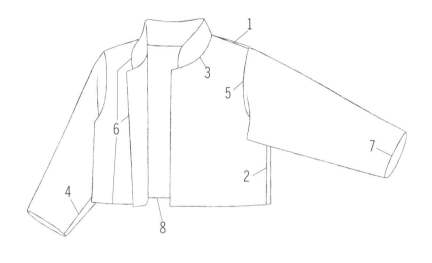

[裁合せ図]（表布A表布B共通）

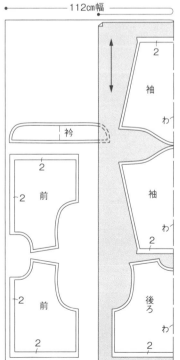

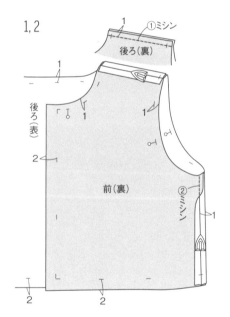

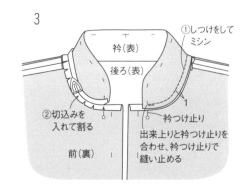

＊指定以外の縫い代は1cm

4

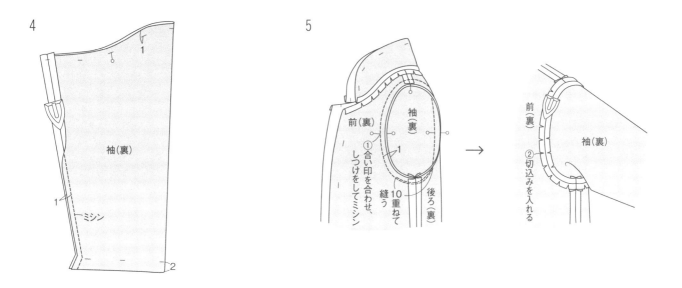

5

6,7

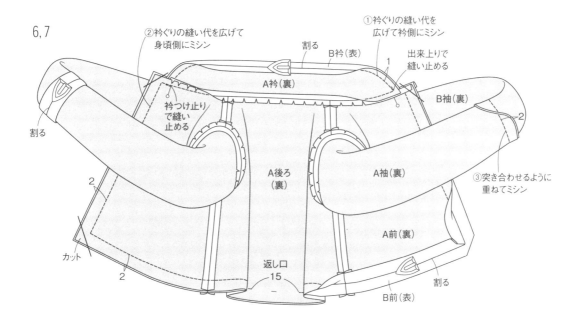

8

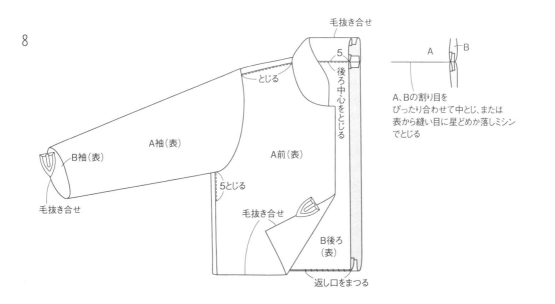

> PAGE33

ボリュームスリーブブラウス

実物大パターン B面

[出来上り寸法]
＊ 左からS／M／Lサイズ
バスト…97cm／101cm／105cm
着丈…
39cm／39.5cm／40.5cm
袖丈…
38.5cm／39cm／39.5cm

[材料] ＊ 左からS／M／Lサイズ
表布（CHECK&STRIPE／リネンプリマベーラ・グレイッシュピンク）
…110cm幅2.1m／2.1m／2.1m
裏布（ソールパーノ／コットンシフォン・エクリュ）
…138cm幅0.7m／0.7m／0.7m
ゴムテープ…0.6cm幅を0.5m／0.5m／0.5m

[縫い方]
準備…袖下にロックミシンをかける。
1. 表身頃の肩を縫う。縫い代は割る。
2. 表身頃の脇を縫う。縫い代は割る。※裏身頃も表身頃と同様に縫う。
3. 表身頃と裏身頃を中表に合わせて衿ぐりを縫う。
   縫い代を整え、裏身頃を出して別々に広げる。
   裏身頃の袖ぐり縫い代を出来上りにアイロンで折る。
4. 表身頃と裏身頃の裾を中表に突合せにして1周縫う。
   縫い代は裏身頃側に倒す。
   一つの袖ぐりから全体を引き出して表に返し、衿ぐり、裾をアイロンで整える。
5. ゴムテープ通し口を残して袖下を縫う。縫い代は割る。
6. 袖口を三つ折りにして縫う。つけ側にギャザーを寄せる。
7. 袖をつける。縫い代は身頃側に倒す。裏身頃の袖ぐりをまつる。
   袖口にゴムテープを通す。

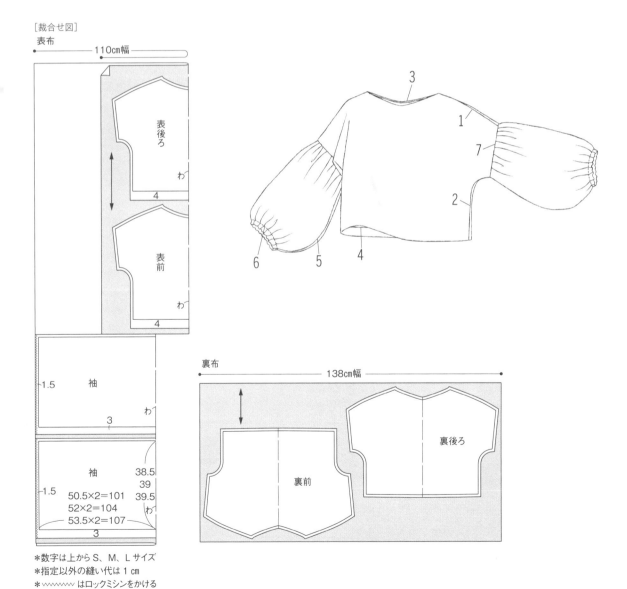

＊数字は上からS、M、Lサイズ
＊指定以外の縫い代は1cm
＊〰〰〰 はロックミシンをかける

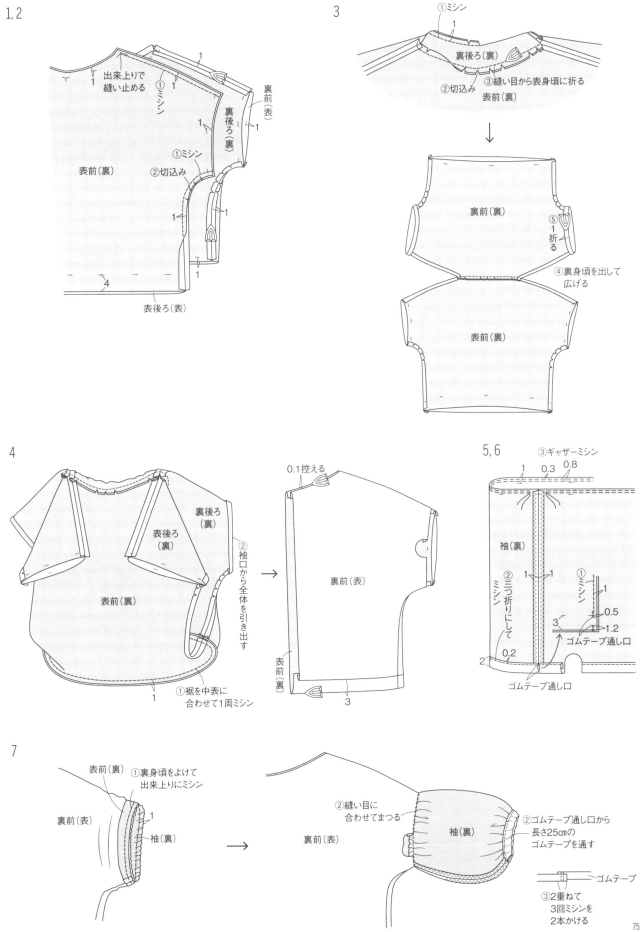

> PAGE34

ノーカラーブラウス

実物大パターン B面

[材料] ＊左からS／M／Lサイズ
表布（ソールパーノ／60Sフレンチリネンキャンバスワッシャー・シナモン）
…130cm幅1.7m／1.7m／1.7m
裏布（ソールパーノ／コットンシフォン・エクリュ）
…138cm幅0.7m／0.7m／0.7m
DMC25番刺繍糸…712を1束

[縫い方] 5、6以外は、P75参照。
準備…袖下にロックミシンをかける。
1. 表身頃の肩を縫う。縫い代は割る。
2. 表身頃の脇を縫う。縫い代は割る。※裏身頃も表身頃と同様に縫う。
3. 表身頃と裏身頃を中表に合わせて衿ぐりを縫う。
   縫い代を整え、裏身頃を出して別々に広げる。
   裏身頃の袖ぐり縫い代を出来上りにアイロンで折る。
4. 表身頃と裏身頃の裾を中表に突合せにして1周縫う。
   縫い代は裏身頃側に倒す。
   一つの袖ぐりから全体を引き出して表に返し、衿ぐり、裾をアイロンで整える。
5. 袖下をあき止りまで縫う。縫い代は割る。つけ側にギャザーを寄せる。
6. 袖口とあきの角を額縁仕立てにし、三つ折りにして縫う。
7. 袖をつける。縫い代は身頃側に倒す。裏身頃の袖ぐりをまつる。
8. 袖にハンドギャザーを寄せ、スモッキング刺繍を施す（P38参照）。
   衿ぐりをボタンホール・ステッチで刺し埋める。

[出来上り寸法]
＊左からS／M／Lサイズ
バスト…97cm／101cm／105cm
着丈…
44.5cm／44.5cm／45.5cm
袖丈…
44.5cm／45cm／45.5cm

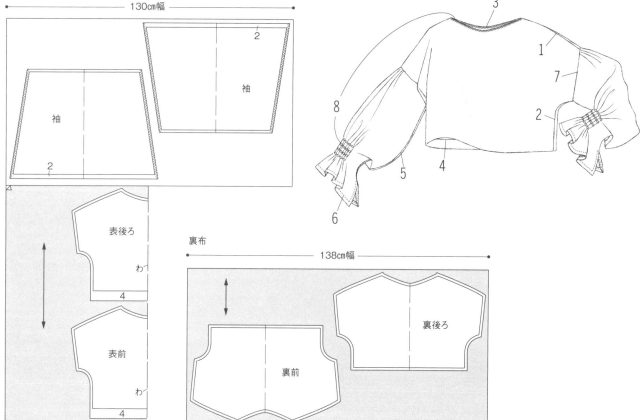

＊指定以外の縫い代は1cm
＊〰〰〰はロックミシンをかける

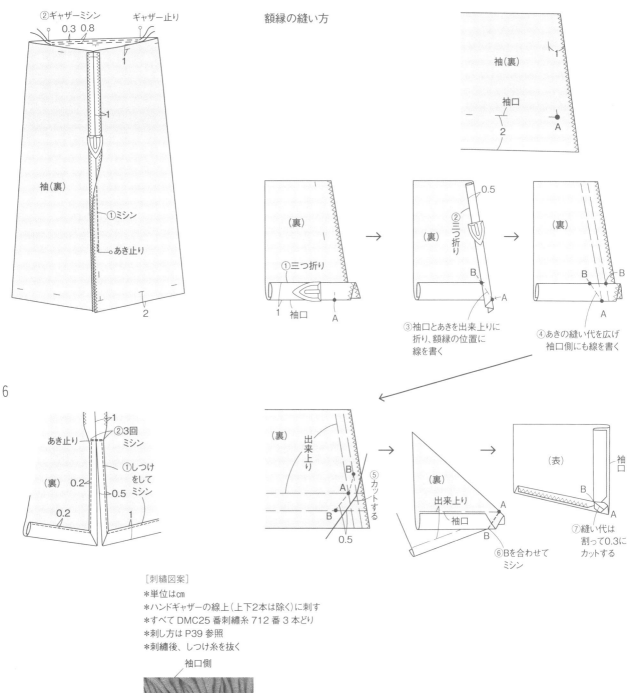

> PAGE 36

[材料] ＊左からS／M／Lサイズ
表布（HINODEYA／コットンダブルガーゼ・ポピーレッド）
…110cm幅1.9m／1.9m／1.9m
ボタン…直径1cmを1個

[縫い方]
準備…身頃の後ろ中心、袖下にロックミシンをかける。
1. 後ろ中心をあき止りまで縫う。縫い代は割る。あきにステッチをかける。
2. 脇を縫う。縫い代は2枚一緒にロックミシンをかけて後ろ側に倒す。
3. 裾を三つ折りにして縫う。
4. 袖下を縫う。縫い代は2枚一緒にロックミシンをかけて後ろ側に倒す。
5. 袖口を三つ折りにして縫う。
6. 袖をつける。縫い代は2枚一緒にロックミシンをかけて袖側に倒す。
7. 衿を作り、つける。
8. 後ろ中心に糸ループ（P45参照）とボタンをつける。

ビッグカラーブラウス

実物大パターン **B面**

[出来上り寸法]
＊左からS／M／Lサイズ
バスト…
105cm／109cm／113cm
着丈…
43.5cm／44.5cm／45.5cm
袖丈…41cm／42cm／43cm

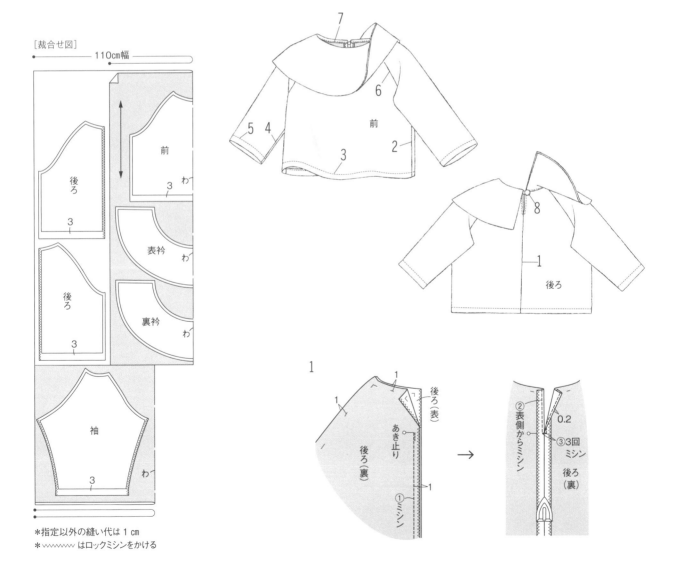

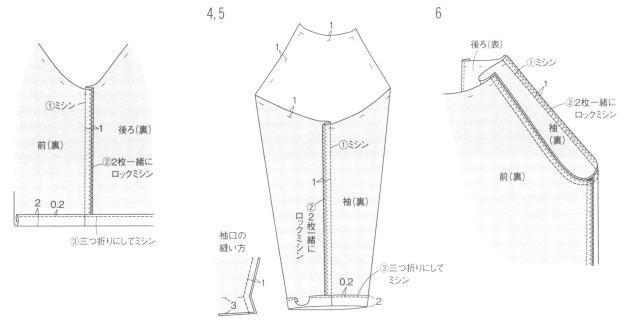
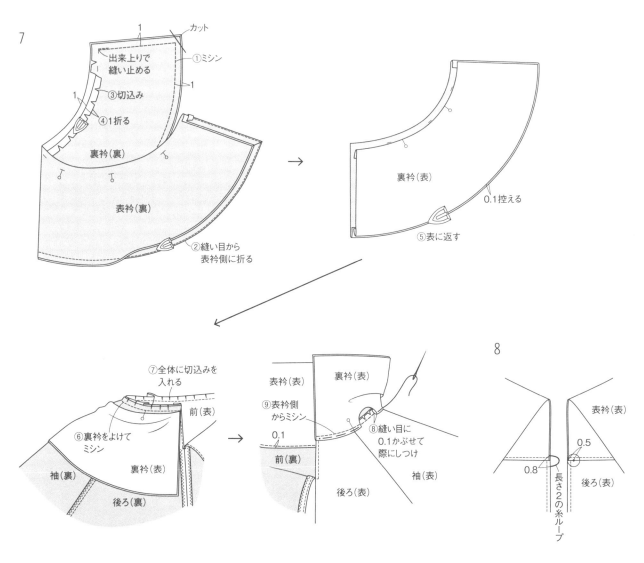

[著者プロフィール]

泉谷恭子 (いずみや きょうこ)

長野県生れ。幼いころから、洋裁好きの母が作った服を着て、手仕事に親しみながら育つ。美容専門学校卒業後、美容師／カラーリストとして勤務したのち、美容学校で教鞭をとる。2011年にnuno.(ヌーノ)の製作活動をスタート。2014年より洋服、アクセサリーの受注販売を行なう。
Instagram: @_____nuno_

[スタッフ]

アートディレクション&デザイン	菅谷幸生
撮影	熊谷勇樹
	安田如水(プロセス・文化出版局)
スタイリング	前田かおり
ヘア&メイク	下永田亮樹
モデル	Electra
作り方解説	助川睦子
トレース	大楽里美(day studio)
パターングレーディング	上野和博
校閲	向井雅子
編集	三角紗綾子(文化出版局)

[布地提供]

CHECK & STRIPE 吉祥寺店
TEL.0422-23-5161
http://checkandstripe.com
(P08、18、26、33)

fablic bird
http://www.fabricbird.com
(P04、12、22、24)

生地専門店 HINODEYA
http://www.rakuten.co.jp/kijihinode
(P36)

布地のお店 ソールパーノ
http://www.rakuten.co.jp/solpano
(P06、10、14、16、17、24の別布、30、33の裏布、34)

布もよう
http://nunomoyo.b-smile.jp
(P28、29)

プレドゥ
http://www.pres-de.com
(P20)

[刺繍糸提供]

DMC
TEL.03-5296-7831
http://www.dmc.com

[用具提供]

クロバー
TEL.06-6978-2277(お客様係)
https://clover.co.jp

[衣装協力]

JEANNE VALET　TEL.03-3464-7612
(P4、18のスカーフ)

Havane　TEL.03-3375-3130
(P8のパンツ、10、16、24のタンクトップ、12、26のショートパンツ、16のサスペンダー、17の半袖ニット、28のブラトップ、36のデニム)

verandah　TEL.03-6450-6572
(P17のベルト、帽子につけたバッジ)

[撮影協力]

AWABEES
TITLES
UTUWA

掲載の商品は、時期によって、完売もしくは売切れになる場合があります。ご了承ください。

自由に遊ぶ、ヴィンテージライクな服

2019年　5月5日　第1刷発行
2021年　11月1日　第5刷発行

著者　　泉谷恭子
発行者　濱田勝宏
発行所　学校法人文化学園 文化出版局
　　　　〒151-8524 東京都渋谷区代々木3-22-1
　　　　TEL. 03-3299-2487(編集)
　　　　TEL. 03-3299-2540(営業)
印刷・製本所　株式会社文化カラー印刷

© Kyoko Izumiya 2019　Printed in Japan
本書の写真、カット及び内容の無断転載を禁じます。

・本書のコピー、スキャン、デジタル化等の無断複製は著作権法上での例外を除き、禁じられています。
　本書を代行業者等の第三者に依頼してスキャンやデジタル化することは、たとえ個人や家庭内での利用でも著作権法違反になります。
・本書で紹介した作品の全部または一部を商品化、複製頒布、及びコンクールなどの応募作品として出品することは禁じられています。
・撮影状況や印刷により、作品の色は実物と多少異なる場合があります。ご了承ください。

文化出版局のホームページ　http://books.bunka.ac.jp/